La lectura es una nueva aventura con la colección EMPEZANDO A LEER.

La serie "Empezando a leer" ha sido especialmente diseñada para primeros lectores. Estos son libros que los niños realmente querrán leer, libros que despertarán su imaginación, que expandirán sus intereses, los harán reír y los harán sentir nuevas emociones, pues han sido escritos por autores especializados e ilustrados a todo color.

Con historias variadas, la colección "Empezando a leer" ofrece cuatro niveles de lectura diferentes que se acoplan al gusto de los pequeños lectores y que le permiten escoger cuál es el libro más apropiado para cada caso:

Primer paso: Libros de imágenes con textos cortos y simples que promueven el interés por la lectura en aquellos pequeños que todavía no han aprendido a leer.

Segundo paso: Estos libros son ideales para los niños que están aprendiendo a leer. Palabras simples y letras grandes hacen que las primeras experiencias de lectura sean más fáciles. Las imágenes que acompañan el texto ayudan a tener una comprensión más completa del texto. La repetición de palabras a lo largo del texto, ayuda a que los niños mejoren el reconocimiento de las palabras escritas.

Tercer paso: Son escritos especialmente para los niños que leen con ayuda. Las frases cortas hacen que la comprensión de la lectura sea mucho más fácil. Imágenes y textos simples ayudan a mejorar la comprensión de lectura.

Cuarto paso: Son perfectos para los niños que leen sin necesidad de ayuda. Con textos más largos y palabras más complejas, estos libros resultan atractivos para los niños que dominan las habilidades básicas de lectura. Historias más complejas, cautivan la atención de niños que pronto estarán listos para lecturas más retadoras.

Edición: Adriana Martínez-Villalba
Traducción: Julián Martínez-Villalba
Diseño y diagramación: Wilson Giral Tibaquirá

HAPPY FEET™

EL PINGÜINO

Amigos para siempre

Por Siobhan Ciminera

GRUPO
EDITORIAL
norma

Mumble y Gloria son pingüinos
Emperadores.

También son mejores amigos.

Mumble y Gloria viven en la Tierra del pingüino Emperador, rodeados de miles de pingüinos Emperadores.

Mumble y Gloria van a la Escuela secundaria de pingüinos. En la escuela, ellos aprenden a cantar.

Cada pingüino Emperador tiene
su propia canción del corazón.
Es la voz que todos los pingüinos
oyen dentro de sí mismos.

Gloria tiene una hermosa canción.

¡Pero Mumble no puede cantar!

Los otros pingüinos se burlan de él.

Todos menos Gloria. Ella sabe que
no está bien burlarse de un amigo.

Mumble y Gloria están creciendo.

¡Y todavía son mejores amigos!

Estos dos amigos intentan hacer nuevas actividades juntos, ¡como nadar!

Los amigos hacen cosas lindas
los unos por los otros. Como por
ejemplo, compartir una merienda.

Y los amigos siempre se alegran
cuando se encuentran.

Gloria es la mejor cantante de la
Tierra del pingüino Emperador.

Los demás pingüinos disfrutan al oírla cantar.

Mumble todavía no puede cantar.

Pero es un excelente bailarín de tap.

A Mumble le gustaría saber cantar
como Gloria.

Así que él pretende cantar… ¡Con
un poco de ayuda!

A Gloria le gusta Mumble así como es.

Mumble le enseña a Gloria cómo
bailar. ¡Ahora pueden bailar juntos!

Mumble debe partir para buscar
más peces.
Gloria lo extrañará.

Ella quisiera partir con él.

Pero a veces los amigos deben
decirse adiós.

Los amigos siguen siendo amigos,
aún si la distancia los separa.

Cuando Mumble regresa a la Tierra del pingüino Emperador, Gloria está feliz de verlo, y él está feliz de verla a ella. Eso es así porque…

¡Mumble y Gloria serán amigos para siempre!